EXPOSITION UNIVERSELLE INTERNATIONALE DE LYON
en 1894

GROUPE
DE
L'ÉCONOMIE SOCIALE

RAPPORT GÉNÉRAL

Présenté au nom du Jury du groupe de l'Économie sociale

Par M. Léon CAUBERT

LYON

IMPRIMERIE ALEXANDRE REY

4, RUE GENTIL, 4

1896

RAPPORT GÉNÉRAL

Présenté au nom du Jury du groupe de l'Economie sociale

Par M. Léon GAUBERT

RAPPORT GÉNÉRAL

I

L'Exposition universelle, ouverte à Lyon en 1894, fut remarquable à divers titres.

Elle rappelait, dans ses dispositions principales, les Expositions de 1867 à Paris et de 1873 à Vienne et en réunissait les élégances. Elle avait aussi non seulement rajeuni le souvenir, mais encore renouvelé l'attrait de ces deux solennités en révélant officiellement d'importants progrès dans les arts mécaniques, tels ceux réalisés par la turbine à vapeur Laval, par les accouplements à bagues élastiques.

Sur la plupart de ses devancières, l'Exposition de Lyon avait, en outre, un autre avantage qui mérite d'être indiqué, celui d'être née de l'initiative privée, les subventions officielles allouées ne représentant qu'une faible part des capitaux engagés dans l'entreprise.

Ces circonstances auraient déjà suffi pour perpétuer le souvenir de cette grande manifestation, si les Lyonnais ne s'étaient souvenus que leur Ville, riche depuis longtemps en exemples de prévoyance et de solidarité, devait ne pas laisser échapper l'occasion de montrer le fonctionnement des admirables institutions de bienfaisance, d'épargne et de mutualité dont elle est fière à juste titre.

Aussi décidèrent-ils la formation d'un groupe d'Economie sociale conçu et organisé d'après les principes admis pour le groupe analogue de l'Exposition universelle de 1889 à Paris.

Le soin de préparer le plan des bâtiments et de convoquer les exposants du groupe fut confié à un Comité présidé par M. Sabran, administrateur général des Hospices de Lyon, et par MM. Chabrières et Auguste Isaac, vice-président de la Chambre de commerce. M. Auguste Isaac fut chargé plus spécialement de l'installation, et grâce à son zèle infatigable, à son dévouement sans limites, les difficultés que rencontrent toujours les réalisations d'idées nouvelles furent aplanies. Il n'est que juste aussi de reconnaître la persévérance dont firent preuve en mainte occasion tous les membres du Comité d'initiative [1].

[1] Cette Commission était composée de :

MM. Arloing, directeur de l'École vétérinaire de Lyon, professeur à la Faculté de médecine, *vice-président;* Audibert, professeur à la Faculté de droit de Lyon; Aynard, député, président de la Chambre de commerce de Lyon; Bedin, conseiller municipal de Lyon; Berthélemy, adjoint au maire, professeur à la Faculté de droit; Berthoulat, publiciste; Bessièrbs, conseiller municipal de Lyon; Bischoff, conseiller municipal; Bleton, secrétaire général de la Société d'économie politique et sociale de Lyon; Bontron, secrétaire de la Société populaire d'Études économiques de Lyon; Bonard, conseiller municipal de Lyon; Léon Caubert, attaché au Cabinet du Ministre des Finances, *rapporteur général;* Chabrières, consul d'Autriche-Hongrie, administrateur des Hospices Civils de Lyon; Chalamet, inspecteur des services administratifs à la préfecture de la Seine; Chambard-Héxon, docteur en médecine, ancien conseiller municipal, ancien inspecteur du service médical dans les écoles de la ville de Lyon; Cheysson, inspecteur général des Ponts et Chaussées, ancien directeur du Creusot, *président du Jury;* Clément, docteur en médecine, médecin à l'Hôtel-Dieu; Charles Détroyat, administrateur des Hospices civils de Lyon; Dumond, agent-général de la Caisse d'épargne et de prévoyance du département du Rhône, *secrétaire;* Faure, adjoint au maire de Lyon; Flotard, ancien député, vice-président de la Caisse d'épargne, président honoraire de la Société d'économie politique de Lyon; Holstein, directeur du Comptoir d'Escompte de Paris; Auguste Isaac, président de la Société d'économie politique et sociale de Lyon, membre de la Chambre de commerce; Lavigne, avocat à la Cour d'appel, adjoint au maire de Lyon; Mangini, administrateur des Hospices civils de Lyon; Marie, secrétaire de l'Institut des actuaires de France, actuaire de la Compagnie d'assurances sur la vie *le Phénix;* Mermet secrétaire-général de la Société des Anciens Élèves de la Martinière; Dr Masson, député du Rhône, conseiller municipal de Lyon;

Il est utile de fixer ces souvenirs et de les consacrer, autant pour rendre à chacun la part qui lui est due dans les succès obtenus, que pour expliquer la forme donnée au rapport général.

En 1889 et même antérieurement, dès 1887, il était facile de remarquer sinon une prévention, du moins une sorte de suspicion à l'endroit de l'Economie sociale. Cette épithète *sociale* semblait inquiétante à beaucoup des personnes pour des raisons bien différentes. On ne se tromperait guère en ajoutant qu'en 1894, à Lyon, ces mêmes personnes n'ont pas manifesté des sentiments de moindre crainte, de moindre défiance. Aussi conviendrait-il de dissiper ces craintes et cette défiance. Or, comme il y aurait mauvaise grâce à rien vouloir ajouter aux conclusions toutes récentes développées dans le magistral rapport rédigé par M. Léon Say, après la clôture de l'Exposition

MORAND, secrétaire de la Chambre de commerce de Lyon ; PRÉVOST, inspecteur du Travail dans les industries; PICOT, membre de l'Institut (Académie des Sciences morales et politiques) ; RIVIÈRE, avocat à la Cour d'appel, conseiller municipal de Lyon; ROBIN, conseiller municipal de Lyon; ROSSIGNEUX, ancien adjoint au Maire, ancien conseiller municipal, directeur du Mont-de-Piété de Lyon; ROUX, docteur en médecine, directeur du Bureau d'hygiène de Lyon; Léon SAY, député, membre de l'Institut ; SIEGFRIED, député, administrateur du Crédit Foncier; SIMYAN, ancien député, publiciste; VALENSAUT, architecte, conseiller municipal.

de 1889 [1], et que de plus, toutes les appréciations particulières du rapporteur général sur les œuvres exposées en 1894, à Lyon, ne feraient que confirmer celles de MM. les rapporteurs spéciaux, il paraît préférable de rappeler, le plus simplement et le plus brièvement possible, le but et les tendances de l'Economie sociale.

Peut-être le mot *Economie* gagnerait-il à être remplacé par un autre ; ce mot a un double sens dans notre langue ; or, il faut bien le reconnaître, le sens scientifique n'est pas le sens populaire, et, dans l'espèce, le mot nuit à la chose. Mieux vaudrait dire *Economique* parce que la confusion deviendrait alors impossible. On ne dirait donc pas *l'Economie universelle, l'Economie politique, l'Economie sociale,* mais *l'Economique universelle l'Economique politique, l'Economique sociale.*

En un mot, aux Economies diverses on substituerait les *Economiques.*

Les Economiques. — Que faut-il entendre par *Economiques ?* Les économiques forment-elles une science ou plusieurs sciences.

[1] *Economie sociale,* par Léon Say, de l'Académie Française, Paris, 1891, librairie Guillaumin.

Voici quelle peut être la réponse à ces questions.

Les Economiques sont les sciences qui mènent à la connaissance des lois régissant les manifestations de l'activité humaine.

Malheureusement ces sciences n'ont pas atteint comme les sciences exactes un haut degré de perfectionnement, elles n'ont pas encore mené à la connaissance des lois qui régissent les manifestations de l'activité humaine, car si ces lois étaient nettement déterminées, si la régularité indiscutable de leur fonctionnement était reconnue, il ne serait pas plus permis de les méconnaître, qu'il n'est permis de méconnaître les vérités mathématiques.

L'état embryonnaire des Economiques conduirait presque à leur refuser le nom de sciences et à les qualifier simplement d'arts spéculatifs.

Cette distinction peut être discutée, mais fût-elle admise et reconnue nécessaire qu'elle ne changerait rien à la tâche que se sont donnée les économistes. Cette tâche est précisément la détermination des lois économiques. Et ce n'est nullement une raison parce que le but n'est pas atteint qu'il faille renoncer à l'atteindre. Ce qu'il importe

de savoir et de proclamer, c'est que les économistes, quelle que soit leur épithète, sont avant
tout des hommes de bonne volonté qui recherchent
les moyens les plus efficaces pour améliorer la
vie sociale, politique et économique des peuples,
pour rendre plus facile l'existence matérielle et
morale des citoyens, moins pénibles aux uns
l'exercice, et aux autres le joug des gouverne-
ments, plus fréquents, plus commodes et moins
chers les échanges. Quand on dit que les économistes forment une secte ou appartiennent à une
école, on se trompe, devient économiste qui veut,
chacun peut se classer suivant ses goûts, ses idées,
sa conscience, dans tel ou tel groupement économiste. Quiconque s'intéresse ou travaille au progrès
humain est un économiste conscient ou un économiste sans le savoir. Il est donc absolument injuste
de dire que les économistes forment une caste
fermée. Les sciences ou les arts spéculatifs, selon
les préférences, n'ont de barrières que pour ceux
qui refusent de franchir les obstacles inhérents à
toute étude.

On peut diviser les économiques en deux pre-
mières branches qui se subdivisent elles-mêmes
chacune en deux branches secondaires :

I. Economique universelle.	{	1° Economique politique.
		2° Economique sociale.
II. Economique nationale.	{	3° Economique familiale.
		4° Economique individuelle.

Toutes ces sciences — si l'on tient à ce mot — sont intimement liées les unes aux autres, se trouvant entre elles dans une dépendance si étroite et si réciproque qu'il est presque impossible d'en étudier une sans étudier également les autres.

Pourtant il ne saurait être ici question que de l'Economique qui porte actuellement le nom d'*Economie sociale*.

Si les définitions précédemment données ne semblent pas satisfaisantes, si l'on redoute notamment ce nom de science, on peut dire encore que l'*Economie sociale* comprend l'ensemble des efforts faits en vue de l'amélioration du sort commun des différents membres qui composent la société, toute la société, car il ne faut pas croire que l'*Economie sociale* n'ait en vue que l'amélioration du sort de quelques-uns, elle s'inquiète du sort de tous sans exception, et elle admet ou elle doit admettre tous les concours, ne retenant jamais que la bonne intention, mais la retenant

si elle est vraiment bonne, alors même que
l'application des principes déjà reconnus serait
défectueuse ou que ces principes seraient erronés.
En un mot, en *Economie sociale* il ne faut exclure
personne, mais encourager tout le monde, en
se réservant toutefois la faculté de pouvoir se
signaler mutuellement et amicalement les erreurs
qu'il arrive à chacun de pouvoir commettre.

Après une apparition assez timide et assez
restreinte à l'Exposition universelle de Paris en
1867, l'Economie sociale fit une réapparition
solennelle quelque vingt ans plus tard, forçant
l'admiration des plus sceptiques, obligeant les
plus incrédules à reconnaître l'immensité du bien
accompli sans tapage, presque à la sourdine, par
l'initiative privée, individuelle ou collective.

Le programme nécessaire, l'ordre de marche
indispensable à toute organisation, avait été rédigé
pour l'Exposition d'Economie sociale en 1889 par
un groupe d'hommes dont la haute compétence
était et demeure encore reconnue, non seulement
en France mais dans le monde entier. Certes il
n'est guère de branches de l'activité humaine auxquelles on ne puisse trouver de place dans une

exposition semblable, mais il était cependant utile de procéder à un classement, et c'est ce classement qui fut presque entièrement maintenu à Lyon. Si, en 1894, les subdivisions ont été supprimées, les principaux groupements ont cependant été conservés.

On a seulement élargi la porte, avec raison, surtout à Lyon, la ville des hospices modèles. On a accueilli l'assistance. Il faudrait élargir encore cette porte et, imitant en cela les Américains, généralement assez pratiques, donner aussi accès aux œuvres charitables. Peut-être a-t-on lu quelque part une phrase — non sans s'étonner de ce qu'elle ait pu être écrite par une main de femme — affirmant qu'un jour viendrait sûrement où la charité n'aurait plus de raison d'être, que l'assistance mutuelle la remplacerait partout, la rendrait inutile.

Il est pourtant nombre de cas où le secours matériel, le secours sec, en argent ou en nature, est impuissant à secourir, il faut que le cœur, que l'affection, que l'abandon de soi-même, le renoncement au dégoût s'en mêlent.

De deux choses l'une, ou ce secours du cœur sera supprimé, ou il sera donné sous nom d'assistance mutuelle ; donné même sous cette forme, ce sera toujours la *caritas*.

Vous agirez ainsi parce que le malade, l'infirme, l'invalide ou le vieillard vous sera cher ; ce sera toujours la charité. Place donc à la charité, cette *Economie sociale* du cœur.

On objectera sans doute les compétitions qui pourraient naître de divergences confessionnelles ou autres. Mais on pourra répondre qu'en *Economie sociale* on ne doit connaître ni parti politique, ni dogme religieux, ni doctrine philosophique ; il faut accepter le bien d'où qu'il vienne.

Aussi est-il permis d'espérer que dans les nouveaux classements des futures expositions d'*Economie sociale*[1] on ajoutera aux groupements suivants : Institutions de prévoyance, Institutions coopératives, etc., ces autres groupements : Institutions d'assistance, Institutions charitables, L'*Economie sociale* avait déjà pour devise : Prévoyance, Mutualité, Solidarité, complétons-la en ajoutant : Assistance, Charité, Compassion. Analysant ces six mots et les idées qu'ils définissent, on aura la meilleure explication de ce que repré-

---

[1] A Bordeaux en 1895, les institutions charitables ont été admises dans le groupe de l'Economie sociale.

sente et de ce que poursuit réellement l'*Economie sociale*.

Adopterait-on pour l'*Economie sociale* l'une des définitions précédemment proposées qu'une détermination plus précise resterait encore à désirer. Il est cependant presque impossible de satisfaire à ce désir, car d'aucuns augmentent les compétences de l'*Economie sociale* au détriment des attributions de l'*Economie politique*, tandis que d'autres font leurs classifications en sens contraire, en restreignant plutôt le domaine de l'*Economie sociale*, en agrandissant le domaine de l'*Economie politique*.

Etant données ces controverses, il serait téméraire de vouloir fixer d'infranchissables limites à ces domaines, et c'est tenir un plus juste compte de la réalité des choses que d'indiquer l'enchevêtrement de leurs frontières.

Peut-être, cependant, un *criterium* analogue à celui-ci serait-il admissible? Les échanges de services d'un caractère plutôt matériel que moral sont du ressort de l'*Economie politique*, — les échanges de service d'un caractère plutôt moral que matériel sont du ressort de l'*Economie sociale*. D'après ce principe, l'*Economie sociale* ne devrait

connaître que des institutions ou que des organisations conçues et fonctionnant sans arrière-pen-
sée de lucre ou de profits particuliers de la part de
leurs fondateurs ou de leurs gérants. On devrait
ainsi soustraire à la compétence de l'*Economie
sociale* toutes les combinaisons, toutes les expériences, tous les systèmes dont l'application se
rapporte de près ou de loin aux opérations de
trafic, de négoce ou de spéculation dont l'étude
forme précisément le principal objet de l'Economie politique.

Aussi, malgré toute la déférence justement due
au programme de l'Exposition d'Economie sociale de 1889, programme qui, en dehors de
ses autres mérites, conservera toujours celui
d'avoir été le premier document rédigé en ce genre,
peut-il être permis de faire quelques réserves au
sujet de certains groupes ou de certaines parties
de groupes dont l'admission fut à l'époque accep-
tée trop largement.

Les objets de ces groupes semblent, en effet,
ne se rattacher que par des liens très faibles aux
principes de solidarité, de mutualité ou d'assistance.

Parmi ces groupes, on peut citer notamment :

1° La Section I. — *Rémunération du travail ;*

2° La Section II. — *Participation aux bénéfices et associations coopératives de production ;*

3° La Section III. — *Syndicats professionnels ;*

4° La Section VII. — *Assurances (pour la partie de la Section concernant les assurances de spéculation);*

5° La Section XV. — *Grande et petite industrie ; Grande et petite culture ;*

6° La Section XVI. — *Intervention* économique *des pouvoirs* publics.

Bien évidemment si l'on eût donné au 16e groupe général de l'Exposition universelle de 1889 le nom d'*Exposition d'Économie politique et sociale,* si l'on eût dès lors reconnu officiellement l'enchevêtrement auquel il a été fait allusion plus haut, les sections ci-dessus mentionnées auraient eu leur place très justement marquée dans le groupement du programme. Tel ne fut pas le cas ; mais, fait digne de remarque, dans les expositions subséquentes, l'élimination sinon complète du moins partielle des *extensions* se fit spontanément, et il fut facile de constater à Chicago, à Lyon et à Bordeaux que les exposants des sections plus particulièrement sociales devinrent de plus en plus nombreux, tandis que les sections plutôt politiques ou commerciales perdaient chaque fois quelques représentants.

Les appréciations et les distinctions qui précèdent peuvent être discutées ou combattues ; elles sont cependant admises par un nombre de personnes assez grand pour qu'il ne soit pas indifférent de les consigner et de les signaler à l'attention des intéressés.

D'ailleurs, les Sociétés de secours mutuels, les Caisses d'épargne et de retraites, les Assurances mutuelles, les Coopératives de consommation et de crédit, les Sociétés de récréations populaires, l'Hygiène sociale, les Institutions patronales forment à elles seules un groupe suffisant pour justifier l'importance accordée à l'*Economie sociale*. A Lyon, sur le désir de M. Sabran, on a ouvert la porte à l'assistance ; à Bordeaux, sur l'initiative de M. le vicomte de Pelleport, un favorable accueil a été réservé à la bienfaisance et à la charité. Il serait à souhaiter que l'on tînt compte de ces précédents, alors l'*Economie sociale*, ainsi dotée, serait assez riche pour n'avoir rien à emprunter à l'*Economie politique*.

II

Scientifiquement, les conceptions sur l'organisation sociale se réduisent à trois : la conception étatiste, — la conception individualiste, — enfin une conception indépendante, qui est aussi une conception mixte en ce sens qu'elle implique la concession à l'Etat de certains privilèges, à l'individu de certains droits.

En réalité, c'est cette dernière conception qui est le plus généralement adoptée, et l'on peut dire que l'opinion des *individualistes* absolus, de même que celle des *étatistes* intransigeants, n'a qu'une influence des plus médiocres sur le développement des sociétés.

Si l'immense majorité des hommes admet la conception indépendante, tous ne l'admettent pas de la même manière : les uns veulent ne donner à l'individu que les droits qu'il est impossible de donner à l'Etat, — ce sont les autoritaires; — les autres veulent ne donner à l'Etat que les droits qu'il est impossible à l'individu d'exercer, — ce sont les libéraux. C'est entre les deux grands partis, autoritaire et libéral, que se divise l'humanité pensante. Toutes les autres subdivisions créées par les nécessités politiques, économiques ou locales relèvent forcément de l'un ou de l'autre de ces grands partis. Mais ce ne sont pas les hommes seulement qui peuvent être ainsi classifiés : ce sont également les institutions. Il y a en effet des institutions qui seront toujours, par leur nature même, d'essence autoritaire, telles l'armée, la marine. Il y en aura d'autres qui seront au contraire d'essence libérale, telles les Associations mutuelles, les Coopératives, etc., en un mot tous les groupements où chacun est libre d'entrer, d'où chacun est libre de sortir sans porter atteinte au pacte tacite qui lie tous les citoyens d'un même Etat.

S'il est impossible de rêver une organisation sociale sans organismes autoritaires, il n'est pas plus possible d'imaginer un Etat idéal où tout organisme libéral serait supprimé. Le principe autoritaire est indispensable au bon fonctionnement de certains organes de l'Etat ; le principe libéral est nécessaire à l'épanouissement des sociétés. C'est le refus de reconnaître la séparation de ces principes ; c'est la tendance à les confondre, à généraliser l'application de l'un ou de l'autre, qui donnent naissance à toutes les utopies et aussi à toutes les déceptions de ceux qui ne veulent reconnaître que la prédominance ou que l'efficacité d'un seul de ces principes.

Les deux grandes idées sociales actuellement le plus partagées sont certainement l'idée de mutualité et l'idée de solidarité. De ces idées procèdent : 1° Les Sociétés de secours mutuels, les assurances mutuelles ; 2° les Coopératives [1] de

---

[1] Il ne peut être question dans cette énumération des coopératives de production, parce que, tant au point de vue légal qu'au point de vue naturel, ces coopératives ne diffèrent pas des associations ordinaires de production. Dans la coopérative de consommation la vente des articles est assurée. Dans la coopérative de production, à moins qu'il n'y ait production que sur commande, la vente des produits n'est pas certaine ; les membres de la Société sont tenus à quantité de responsabilités qui n'incombent pas aux coopérateurs de consommation, de crédit ou d'épargne, opérant seulement entre eux. Dans la plupart des cas, la coopérative de production qui n'opérerait que pour ses membres serait à la fois un non-sens et une déplorable affaire. (Cette appréciation ne saurait s'appliquer aux coopératives agricoles mixtes de consommation et de production, telles que celle organisée par l'*Union des syndicats agricoles du Sud-Est*, — voir le rapport spécial de M. Bontron. Les Sociétés de ce genre ne sont pas à proprement parler des coopératives.) Il n'y a en réalité aucun point de contact ni de ressemblance entre la coopérative de produc-

consommation, les Coopératives de crédit, les Coopératives d'épargne.

Seuls le nom et le but de ces associations suffisent à démontrer qu'elles ne sont pas des institutions établies sur le principe autoritaire. En effet, quiconque devient membre d'une Association de secours mutuels ou d'une Coopérative cherche, en améliorant sa situation par son propre effort, à affirmer son *individualisme*, sa personnalité, et à diminuer par cela même la part de charge qui reviendrait moralement à l'*autoritarisme* de l'Etat pour assurer son existence. Le mutualiste, le coopérateur ont le sentiment très net de leur indépendance parce que les obligations qu'ils contractent sont des obligations spontanées, volon-

tion et les autres coopératives. Coopérative de production est, à ce point de vue, une expression malheureuse, parce qu'elle amène une confusion entre deux genres d'institutions qui n'ont rien de commun, ni base, ni but, ni principes. Les efforts, d'ailleurs généreux, qui ont été faits pour créer des coopératives de production n'ont réussi que médiocrement; encore les résultats atteints étaient-ils en grande partie dus à la bienveillance des personnes ou des corporations qui s'étaient intéressées à cet essai loyal. Il est à craindre que ces mots *coopérative de production* et *participation aux bénéfices* ne représentent plus de bonnes intentions que d'organisations robustes et vigoureuses. Ce jugement ne saurait être infirmé par des exemples d'organisations prospères, car ces exemples sont de rares exceptions et ces exceptions confirment la règle.

taires, prises de propos délibéré. C'est un secret
désir d'affranchissement qui les anime, et ce désir
est tellement inné chez l'homme qu'il le porte à
donner toujours et infailliblement un prix beaucoup plus grand aux résultats de l'effort personnel
qu'aux munificences dont il peut profiter à titre
gratuit.

Aussi n'hésitons-nous pas à donner la plus
grande importance à la mutualité et à la coopération et leur attribuons-nous le premier rang
parmi les institutions d'Economie sociale.

III

SOCIÉTÉS DE SECOURS MUTUELS

Librement consentie, l'adhésion à la mutualité
donnera au mutualiste mieux que des secours
matériels, elle lui donnera d'intimes satisfactions,
elle le relèvera à ses propres yeux, elle lui inspi-
rera le culte d'un sentiment qui n'est pas sans
valeur, le sentiment de la dignité humaine.

Rendue obligatoire, la mutualité ne serait plus
la mutualité ; l'association avec une quantité d'in-

dividus qui lui seraient entièrement inconnus, s'ils ne lui étaient pas absolument indifférents[1], amènerait fatalement le *mutualiste par force* à se désintéresser de la mutualité. Il lui serait parfaitement égal de soigner les intérêts de la caisse commune, parce qu'il y aurait trop de parties prenantes qui lui seraient étrangères.

L'on assisterait alors à ces édifiantes expériences dont certains pays nous ont donné le spectacle. L'abus des demandes de secours amènerait fatalement la ruine du fonds social ou du fonds commun si riche qu'il soit.

Ces exemples pourraient nous suffire, car ils nous montrent combien l'intervention de l'Etat est nuisible au développement de la mutualité. Si ce n'est pas sans regret que nous avons vu cette intervention s'exercer récemment en France, au moins pouvait-on y trouver une excuse, — l'inexpérience de Sociétés de fondation relativement récente. Mais cette intervention et cette excuse ne devraient plus dorénavant se produire, puisque l'on a reconnu les principales *causes d'erreur* du passé, et parmi ces causes un dédain trop fréquent

---

[1] Voir à l'appui de cette opinion dans le rapport de M. Bontron *les observations générales sur la section lyonnaise.*

pour les enseignements que l'on peut tirer des tables de mortalité.

On ne saurait trop recommander aux Sociétés de secours mutuels le respect de certains principes et surtout le respect du principe suivant : Ne jamais promettre que ce que l'on peut tenir. Si l'on s'écarte de ce principe, tout le bien qui doit être fait peut se changer en mal immense, en jetant le trouble et le doute dans les esprits de ceux que l'on veut aider, guider, encourager. Or, comme personne n'est maître en aucune façon de régler le taux des placements d'argent, c'est une imprudence des plus grandes que de s'engager à servir des rentes, à reconstituer des capitaux en fixant longtemps à l'avance le taux desdites rentes, le montant des annuités de reconstitution. Cette manière de procéder rappelle absolument « le sophisme de l'assurance à primes fixes ». Evidemment, si d'une part le nombre des assurés était destiné à croître sans limites, et si d'autre part le taux de l'intérêt de l'argent devait demeurer toujours au-dessus d'une certaine limite, la théorie de l'assurance à primes fixes serait rigoureusement exacte ; malheureusement dans l'un et l'autre cas il ne dépend pas de nous d'avancer ou de reculer

les *limites* dont il s'agit, et les deux incertitudes
qui en résultent constituent véritablement deux
inconnues dont il est impossible de prévoir l'influence.

Les Sociétés de secours mutuels[1], qui sont certainement de toutes les institutions de prévoyance
celles auxquelles on porte généralement le plus
d'intérêt, n'ont été formées à l'origine que dans
le but d'assurer le secours en cas d'accident, de
maladie, de détresse de tout genre, mais tempo-
raire. A l'origine, on ne songeait nullement dans
ces Sociétés à créer des fonds de retraites. L'idée
ne vint d'accorder des pensions à vie aux membres
les plus âgés que le jour où les caisses de secours
se trouvèrent trop riches, où les ressources
devinrent disproportionnées aux répartitions de
secours proprement dits.

Il était naturel que l'on cherchât à tirer le meilleur parti de cet excédent, et il était encore plus
naturel que les membres actifs des sociétés aient

---

[1] Rappelons qu'en France la plus ancienne Société de se-
cours mutuels, ayant porté ce titre, fut fondée à Lille en 1580.
A Paris, l'ancienne Société de Sainte-Anne (menuisiers) fut
la première créée. Elle avait été organisée par l'Ordre de
Malte et avait son siège dans l'église du Prieuré de Sainte-
Marie-du-Temple.

désiré en profiter personnellement plutôt que d'enrichir un fonds de réserve qui aurait surtout servi à alléger les charges des membres futurs.

L'idée en soi n'avait rien de blâmable, et peut-être même eût-elle été excellente si l'on avait songé à prendre les précautions qui furent si sagement prises par une société modèle, « la Société des ouvriers en soie de Lyon », quand elle décida que la caisse de retraites serait absolument distincte de la caisse des secours proprement dits.

Or, non seulement cette sage précaution ne fut prise que par un nombre infime de sociétés, mais encore, éblouies par les résultats obtenus par quelques tontines, quelques assurances ou combinaisons analogues, les Sociétés de secours mutuels commirent l'erreur de promettre une pension fixe, à un âge fixe, après un nombre déterminé d'années de sociétariat. En un mot, elles donnèrent toutes ou presque toutes, tête baissée, dans le sophisme de l'assurance à prime, sophisme encore plus dangereux autrefois qu'il n'est aujourd'hui puisqu'alors, dans les Sociétés de secours mutuels, non seulement on méconnaissait à peu près les éléments, éventualité du recrutement et éventualité du taux de l'intérêt, mais on méconnaissait presque entièrement l'élément scientifique en faisant de l'assurance avec des Tables de mortalité défectueuses, lors même que l'on prenait la peine d'établir ses tarifs autrement qu'au juger.

Les grandes compagnies d'assurances françaises aussi bien qu'étrangères ont depuis longtemps reconnu le danger de travailler avec de mauvaises Tables. Elles se sont donné beaucoup de peine pour en faire établir à grands frais de meilleures, elles ont remis le soin d'élaborer leurs tarifs à des actuaires habiles. En un mot, l'on peut dire maintenant que toutes ces grandes compagnies respectent au plus haut point l'élément scientifique dans leurs combinaisons. C'est ce même élément scientifique que nous voudrions voir respecter davantage par les Sociétés de secours mutuels, de manière qu'elles puissent se trouver, en ce qui concerne leurs calculs, dans des conditions au moins égales à celles des grandes compagnies d'assurances [1].

Nous connaissons parfaitement toutes les objections qui pourront nous être faites, nous savons

[1] Nous leur rappelons d'ailleurs que sans frais aucun elles peuvent demander avis ou conseil au Comité technique de la Ligue nationale de la prévoyance et de la mutualité dont le siège est à Paris (Mairie du VIe arrondissement).

également quelles sont les difficultés avec lesquelles on se trouve aux prises, mais nous n'hésitons pas à déclarer qu'il vaut mieux ne pas exister que de courir, de propos délibéré, au-devant de déboires, de déceptions qui, pour beaucoup, prendront le nom de trahisons. « Mieux vaut la mort que la faillite. » Nous ne craignons pas de rappeler ce mot, nous ne craignons nullement de le répéter parce que nous sommes certain à l'avance que, le jour où l'on présentera la somme annuelle à partager entre les membres retraités non plus comme un intérêt fixe mais aléatoire, mais comme un dividende variable mais certain, au lieu de végéter ou de rester stationnaires, les Sociétés de secours mutuels prendront un essor dont nous attendons le plus grand bien.

Tout au grand jour, sans présomptions, vaudra bien mieux que promesses souvent fallacieuses et combinaisons inextricables et ténébreuses.

En un mot, quiconque a le désir de s'occuper d'assurance — et les Sociétés de secours s'en occupent — de s'occuper d'assurance sans encourir de terribles responsabilités, doit admettre comme bases uniques : 1° La mutualité ; 2° la répartition des indemnités ou fonds de secours au prorata des disponibilités annuelles s'il s'agit d'assurances viagères — ou la répartition au prorata, entre tous les assurés, des cotisations nécessaires pour parfaire l'indemnité, s'il s'agit de tout autre genre d'assurances [1]. Hors de là, pas de certitude, et impossibilité absolue de pouvoir prendre des engagements surtout à des termes souvent très longs. Nous croyons de notre devoir le plus strict d'attirer l'attention des Sociétés de secours mutuels sur cette conclusion : 1° séparation des deux fonds, secours et retraites ; 2° dividende variable aux pensionnaires au prorata des disponibilités annuelles, chaque société demeurant libre d'en fixer le montant *chaque année*.

IV

SOCIÉTÉS COOPÉRATIVES

Application excellente du principe de solidarité quand elle demeure mutuelle et purement mutuelle,

---

[1] Nous citons aussi la seconde hypothèse parce qu'elle trouve déjà une application relative dans les sociétés dont les membres se cotisent à chaque décès de sociétaires. Il est évident que le montant de cette cotisation est variable, puisqu'il dépend du nombre de sociétaires qui décèdent chaque année.

la coopération est loin d'être aussi bonne quand elle devient patronale. Nous avons déjà émis cette opinion ailleurs et nous croyons devoir la maintenir tout en faisant remarquer qu'elle condamne par ses termes mêmes les Coopératives de production, condamnées d'ailleurs par une autorité d'un grand poids — l'expérience.

Et ici, je désire me départir de la forme impersonnelle adoptée jusqu'à présent et rappeler des observations faites il y a déjà longtemps. J'ai choisi exprès mon exemple à l'étranger pour demeurer plus impartial et parce qu'il résume d'une manière plus vivante les principales critiques que l'on peut adresser aux Coopératives.

Il y a plus de 20 ans, j'ai appris à connaître dans les villes industrielles de la Suisse allemande les Coopératives de consommation ; la Coopérative de consommation s'appelle là tout simplement la Société de consommation — *Consumverein*. Organiquement, la plupart de ces sociétés devaient s'abstenir de vendre au public ; de plus elles étaient soumises à des obligations très strictes et assez gênantes ; dans certaines villes leurs magasins ne pouvaient s'ouvrir qu'à certaines heures ou certains jours, les commerçants au détail les surveillaient au moins autant que la police — police fiscale et police administrative — et malgré tout, les règlements étaient violés journellement, la vente au public était courante et se faisait par l'intermédiaire même des membres de la Société dont certains transformaient leurs enfants en petits livreurs, en petits commissionnaires auxquels on ne manquait pas de remettre un pourboire personnel en dehors des cadeaux faits aux parents obligeants, de sorte que le sociétaire avait le triple bénéfice : 1° d'augmenter les profits de la Société dont il avait sa part annuelle ; 2° de recevoir des cadeaux en nature ou en argent de la part de ses clients d'occasion ; 3° d'occuper ses enfants à un petit métier assez lucratif et nullement pénible.

On eût pu croire dans ces conditions que, tout le monde y trouvant son compte, le sociétaire aussi bien que le client marron, les Coopératives auraient rapidement prospéré dans les milieux dont je parle. Je retournai dans ces villes il y a quelques années ; la Coopération y était en pleine décadence. J'en demandai la raison notamment à un ouvrier que je croyais être encore sociétaire. Il me répondit qu'il avait quitté la société pour ces trois motifs :

1º Qualité médiocre et manque de fraîcheur des produits vendus ;

2º Manque de choix et monotonie dans les produits vendus ;

3º Question de dignité.

« *Il faut laisser cela aux gens tout à fait pauvres.* » La réponse était fière, surtout dans la bouche de celui qui me la faisait, mais elle était également ironique, car j'étais bien renseigné et je savais pertinemment que ce n'était nullement les plus pauvres gens de telle ou telle ville qui faisaient les achats en sous-main, mais les gens des classes aisées, quelquefois même les plus aisées.

Je me suis demandé si c'était bien là le but de la Coopération. Mais je ne serai pas aussi sévère que mon interlocuteur. Les Coopératives de consommation ont leur raison d'être quand elles restent mutuelles, sincèrement et loyalement mutuelles.

Personnellement je souhaiterais bien vivement le développement de ces Coopératives, et je verrais à ce développement le double avantage de rendre moins onéreuse la vie de chacun en supprimant la commission des intermédiaires inutiles. La Coopérative strictement mutuelle ne ruinera jamais le petit commerce, au contraire, elle le

fera sortir de sa torpeur et l'amènera à faire, lui
aussi, la guerre à l'intermédiaire superflu. De plus,
le petit commerce conservera le monopole de la
vente des denrées que je ne conseillerai jamais à
une Coopérative de tenir ; telles sont les denrées
sujettes à dépérissement, notamment le beurre,
les œufs, la viande, le poisson, etc. Les marchands
en gros et les marchands en détail peuvent seuls
vendre ces articles sans perte, parce que, au
moment précis où la marchandise ne deviendrait plus utilisable, ils savent, poussés par
l'aiguillon de l'intérêt personnel, l'écouler admi-
rablement grâce aux marchés conclus avec des
acheteurs au rabais qui emploient immédiatement
les produits déclassés en les transformant en pâtis-
series, en mets à bon marché, etc., etc. Or il est
impossible qu'une Coopérative, quelle que soit
son importance, se lance dans des combinaisons
pareilles : 1° parce qu'elle rencontrerait difficilement des acheteurs bien disposés ; 2° parce que
ses déchets ne pourraient être ni assez importants ni assez réguliers pour faire l'objet de traités
ou de marchés.

Par contre, si l'on pouvait développer l'esprit
coopératif mutuel pour l'achat et la vente des

céréales, des farines, des combustibles, et si l'on arrivait même à ne faire que des Coopératives à but spécial et déterminé, Coopérative pour le chauffage, Coopérative pour les vins, etc., etc., il est évident que le résultat serait d'empêcher les accaparements, les cours factices, et les prétentions exorbitantes des intermédiaires superflus[1].

Ce résultat serait très désirable pour la plus

---

[1] Les appréciations qui précèdent se rapprochent d'ailleurs de celles du Comité central de l'Union coopérative des Sociétés françaises de consommation, au moins à en juger d'après les passages suivants, d'une lettre qu'il m'a écrite en date du 26 avril 1895.

« Les conditions rigoureuses imposées aux Sociétés désirant s'affilier à l' « Union coopérative » démontrent suffisamment que notre groupement, s'il prend en mains les intérêts généraux de la coopération et guide les sociétés dans leurs premiers pas, se désintéresse totalement des ennuis que peuvent se créer les *Sociétés commerciales* ou *mi-coopératives* (celles que j'appelle les *coopératives patronales*) qui ne doivent pas, à notre avis, bénéficier des dispositions de la future loi *(Loi sur les Coopératives).* »

Et plus loin au sujet des intermédiaires.

« Les intermédiaires dont le nombre augmente chaque jour *sans profit pour l'État* ont trouvé le moyen de bien vivre sans avoir une bien forte somme de travail, et surtout sans avoir à payer les impôts ni à courir les risques du commerçant. »

Ce sont à peu près les mêmes termes que ceux dont je me suis servi dans mon rapport sur les assurances à l'Exposition universelle de 1889 pour déterminer la situation d'un genre spécial d'intermédiaires très onéreux : les courtiers d'assurances.

grande partie de la population qui ne peut ni acheter en gros, ni faire de provisions.

Sont Coopératives patronales les Coopératives qui n'ont de coopératif que le nom et qui s'en servent uniquement pour faire de sérieux bénéfices en s'affublant d'un titre qui, dans certains pays, les dispense de payer patente. Ce sont simplement des Sociétés commerciales ordinaires qu'il s'agit de faire rentrer dans le rang et de soumettre au droit commun. C'est déjà chose jugée dans les pays où elles ont voulu prendre le plus d'extension.

Au point de vue fiscal, il faut exonérer autant que possible les Coopératives strictement mutuelles, mais il n'y a aucune raison pour appliquer un régime de faveur à des Sociétés qui ne diffèrent des autres Sociétés commerciales que par un titre indûment porté.

Quant aux Coopératives de production, nous avons déjà émis plus haut une appréciation à leur égard, il en est certes qui ont pu réussir quelquefois mais temporairement, et si on veut rechercher la raison de leurs succès éphémères il faut reconnaître qu'elle est la même que la cause du succès de toutes les œuvres quelles qu'elles soient. Cherchez l'homme, cherchez le directeur, cherchez le patron.

Rappelons à ce sujet le passage suivant de la *Question ouvrière* de Lujo Brentano.

« Il arrive bien qu'une Coopérative de production qui s'est lancée dans la grande industrie prospère tant qu'elle a un chef qui, dans son enthousiasme pour la cause des classes laborieuses, renonce au traitement proportionné à ses mérites; mais quand cet homme disparaît, la Société disparaît inévitablement à son tour. »

Il y a un troisième genre de Coopératives, ce sont les Coopératives de crédit, autrement dit Banques coopératives ou Banques populaires. Il convient de répéter pour ce genre de Coopératives ce qui vient d'être dit pour les Coopératives de production. Il est naturel d'avoir la plus vive sympathie pour les banques coopératives ou banques de crédit mutuel, mais le plus souvent, si elles réusissent et prospèrent, c'est qu'elles sont administrées par des hommes d'une intégrité et d'une prudence absolues qui seraient d'aussi bons banquiers s'ils opéraient pour leur propre compte, et qui seraient même peut-être banquiers plus utiles à leurs places, car ils auraient les coudées plus franches, seraient moins timorés et rendraient des services que n'ont jamais pu rendre en temps de crise les banques populaires installées dans les pays où elles fonctionnent le mieux.

V

CAISSES D'ÉPARGNE

« L'épargne est en grand honneur dans la ville de Lyon et dans sa banlieue », il suffit pour s'en convaincre d'examiner les comptes de la Caisse d'épargne de Lyon. Malgré la concurrence que lui fait maintenant la Caisse nationale d'épargne (Caisse d'épargne postale), les dépôts sont en en voie de progession constante, le nombre des déposants augmente également. Le Jury n'a pu récompenser la Caisse d'épargne de Lyon, car il comptait parmi ses membres M. Perrin, président, et M. Dumond, directeur de cette institution, qui ont demandé qu'elle fût mise hors concours. La Caisse d'épargne de Lyon méritait cependant la plus haute récompense.

De même que les Sociétés coopératives dont nous avons précédemment parlé, les Caisses d'épargne attendent de lois nouvelles des modifications à la législation qui les régit. Les discussions et les plaidoyers qui ont eu lieu à cette occasion, ont, croyons-nous, compliqué beaucoup la question. Elle est plus simple qu'elle ne paraît. Il s'agit seulement de savoir s'il est préférable pour les Caisses d'épargne d'employer à leur gré tout ou partie de leurs fonds de réserve.

Nous croyons qu'un moyen terme pourrait être adopté. Le fonds de réserve pourrait être placé, pour moitié, dans les valeurs actuellement désignées et, pour moitié, être employé en prêts hypothécaires, en immeubles, en biens ruraux (de préférence : prairies, forêts, chutes d'eau, situés soit en France, soit en Algérie). Nous estimons qu'il faudrait limiter à ces *remplois* les placements de cette nature. Ce serait même une mesure de grande prudence et de grande sagesse de diriger vers cette voie le placement des capitaux disponibles des Caisses. L'épargne restituerait ainsi partiellement au travail national l'argent qu'elle détourne du marché foncier, et qu'elle détourne de jour en jour davantage parce que tout, la tradition, les lois aussi bien que les tendances l'invite à se cacher.

En soi l'épargne est excellente, pourtant, comme de toute chose il ne faut pas abuser, l'abus de l'épargne est regrettable surtout quand le capital épargné n'est plus un capital productif, mais un capital mort que le travail doit cependant rémunérer. Or, tout capital qui entre dans les caisses de l'État pour en recevoir un intérêt est un capital mort, parce qu'il ne s'alimente plus par lui-même, mais par un prélèvement opéré sur les intérêts des capitaux productifs, c'est-à-dire des capitaux restés entre les mains des particuliers. Il y a des pays où cette vérité a été très bien comprise ; dans plusieurs États d'Allemagne, par exemple, les Caisses d'épargne ne sont nullement tenues d'acheter des fonds d'État, elles peuvent faire des prêts hypothécaires, acheter des immeubles. Il conviendrait que pareille liberté fut laissée aux Caisses françaises. Leurs capitaux redeviendraient alors des capitaux vivants.

VI

APPRENTISSAGE ET ENSEIGNEMENT PROFESSIONNEL

« En matière d'art, quel qu'il soit, il y a deux façons d'acquérir des connaissances. La première est d'apprendre son métier de celui qui l'a exercé avant vous, qui l'exerce encore quotidiennement et qui est au courant au jour le jour de toutes les innovations, de tous les nouveaux procédés, les meilleurs et les moins coûteux par le seul fait qu'il a intérêt à les connaître. Cette façon d'apprendre se nomme l'apprentissage.

La seconde manière consiste à entrer dans une école créée *ad hoc* et à se mettre à étudier dans des livres des théories très savantes, mais généralement vieillies. On fait de temps en temps des exercices pratiques, on peut même en faire beaucoup et très souvent, mais on les fait sous la direction de théoriciens, anciens praticiens c'est possible, mais que leur situation de professeurs empêche de suivre pas à pas surtout à notre époque où ils sont incessants, tous les perfectionnements, tous les progrès. »

J'ai écrit ces lignes il y a plusieurs années déjà et je n'ai rien remarqué depuis cette époque qui ait pu me faire changer d'opinion. Apprentissage et enseignement professionnel, telles sont les deux méthodes qui peuvent être appliquées à l'enseignement technique. Est-ce à dire que l'une de ces méthodes doive entièrement être substituée à l'autre? Nullement. Il est des cas où l'enseignement professionnel peut produire de bons résultats ; c'est surtout vrai pour les industries où le tour de main est secondaire, où la connaissance au jour le jour des progrès réalisés importe peu. Telles sont les industries de luxe, l'industrie du livre, l'industrie du meuble et du bâtiment, au moins pour tout ce qui touche au côté artistique de ces industries. D'autres industries, telles que l'industrie de l'alimentation, l'industrie de la mécanique de précision, l'industrie électrique ne sauraient par contre recruter avec avantage leur personnel dans les écoles professionnelles, parce que l'éducation qui y serait donnée ne pourrait former des artisans assez adroits, assez méticuleux, assez experts.

Dans la lutte qui est engagée entre les partisans

de l'enseignement professionnel et les partisans de l'apprentissage, ces derniers n'ont plus le dessus, l'édit de 1776, connu sous le nom d'*édit de Turgot* leur a porté un coup fatal, car il supprimait les corporations, et les statuts des corporations contenaient des articles qui constituaient la meilleure sanction du contrat d'apprentissage. Dans nombre de pays étrangers, l'apprentissage s'est maintenu cependant sans corporations, et s'est même étendu de l'industrie au commerce. Très souvent il n'y a pas d'autre sanction pénale à la rupture du contrat que la sanction de l'opinion publique qui jugera aussi défavorablement un patron qui ne garde pas ses apprentis, qu'un apprenti qui change incessamment de patron. La seule crainte du discrédit pour le patron, la seule crainte d'être difficilement employé pour l'apprenti suffisent à faire respecter mutuellement la convention. Somme toute, c'est la meilleure sanction, car c'est la sanction de l'intérêt bien entendu. C'est en développant le bon sens chez l'employeur et chez l'employé, bien mieux qu'en leur fournissant de nouvelles armes légales l'un contre l'autre que l'on fera observer les engagements réciproques.

Il faut aussi réagir contre la tendance malheureuse d'agglomérer les hommes non seulement quelques heures par jour, mais aussi le soir, le matin, la nuit, car ce n'a pas été assez de l'enseignement professionnel, on a voulu l'*internat professionnel*, on a voulu cet internat même pour ceux qu'aucune bonne raison n'obligeait à leur imposer, tendance néfaste non seulement au point de vue de l'industrie nationale, mais encore au point de vue de l'éducation sociale.

L'internat sous toutes ses formes et à tous ses degrés a été le meilleur instrument du parti autoritaire, il s'oppose au libre développement de l'individu aussi bien sous le rapport moral que sous le rapport intellectuel. On y tue toute initiative, et ce qui s'y acquiert le mieux, c'est l'esprit de révolte, au détriment de l'esprit de lutte. Or, en matière d'industrie et de commerce, c'est cet esprit de lutte qu'il importe de posséder au plus haut point pour soutenir la concurrence et en triompher au besoin. L'apprenti à cet égard est mieux armé que l'écolier professionnel, au moins apprend-il à connaître la vie.

En résumé, sauf pour quelques industries faciles à reconnaître et à excepter, sauf dans les cas de force majeure où il est indispensable de recueillir

l'enfant dans un internat ; il serait à désirer :
1° Que l'apprentissage libre ou par contrat tacite
fût développé ; 2° qu'une surveillance *efficace* fût
exercée pour la protection des apprentis ; 3° qu'un
enseignement moral et professionnel leur fût
donné, sous forme de cours libres et peu nombreux, où ceux qui le désireraient pourraient
compléter leurs connaissances et recevoir des en-
couragements; 4° qu'une liberté suffisante, précé-
dée d'un temps de repos, fût assurée à chaque
apprenti pour assister à ces cours [1].

VII

ASSISTANCE PUBLIQUE ET HYGIÈNE

Ainsi que nous l'avons déjà fait remarquer plus
haut, la section de l'assistance pouvait offrir dans
la ville de Lyon même des exemples incompara-
bles d'œuvres aussi généreusement dotées qu'ha-

---

[1] Ces vœux ne sont pas le résultat de conceptions per-
sonnelles, ils m'ont été inspirés par la lecture de documents
relatifs à d'anciennes corporations (1760), où se retrouvent des
dispositions favorisant les apprentis qui suivaient les cours
des Écoles royales de dessin.

bilement organisées. Il est à regretter seulement
que la dignité de président du Comité d'initiative
ait empêché M. Sabran et les administrations
qu'il dirige de participer aux récompenses dé-
cernées par le Jury. Nous ne pouvons pas entre-
prendre la description des hospices de Lyon, leur
renommée est universelle ; leur constitution ori-
ginale, le recrutement particulier de leur personnel ont toujours fait l'admiration des personnes
qui ont visité ces établissements modèles que nous
avons trouvés décrits comme ils le méritent dans
le rapport du Comité départemental d'Economie
sociale du Rhône en 1889[1]. L'esprit de charité, la
conception de l'assistance, le sentiment de la solidarité bien entendue sont très répandus dans la
région lyonnaise et nous avons été d'autant plus
heureux de le constater que Lyon est notre plus
grande ville demeurée entièrement française, en
ce sens qu'elle n'a pas été encore envahie par
la tourbe cosmopolite qui a modifié le caractère
de notre capitale et de quelques autres de nos
principales cités. Cette constatation est intéres-
sante, parce qu'elle permet de déduire que, si les

---

[1] Rapport de M. Aynard.

autres centres contaminés n'avaient pas à supporter le fardeau d'une population exotique et toujours famélique quelles que soient les situations dont parviennent à s'emparer les individus qui la composent, l'élément français pourrait y être secouru tout aussi bien qu'il l'est à Lyon. Dans la région lyonnaise, la situation des assistés est certainement meilleure que dans toute autre région française. Il ne faudrait pas chercher dans ce jugement un argument en faveur de l'unification de l'assistance, loin de là, il faut y trouver et y voir la preuve que, pour devenir efficace, l'assistance doit au contraire être décentralisée *ad infinitum* autant que possible.

Le service de l'assistance devrait à cet égard être organisé d'une manière toute différente de celle qui est adoptée actuellement. Il devrait être confié, partie à des services d'assistance locaux, partie à une « Direction générale de l'hygiène » (centralisée celle-là), qui comprendrait les services de la santé dans les ports, aux frontières et dans les postes d'observation à l'étranger — le service de contrôle et de surveillance des denrées alimentaires — le service de surveillance des habitations et des eaux — le service des hôpi-

taux et des épidémies — le service des asiles
d'aliénés.

Sous la rubrique « hospitalisation », on con-
fond généralement les hôpitaux et les hospices.
L'hôpital pourrait sans inconvénient être un éta-
blissement national, on n'y accepterait que les
personnes atteintes de maladies endémiques, ou
épidémiques, que les personnes atteintes d'affec-
tions ou victimes d'accidents nécessitant des
opérations chirurgicales, en spécialisant autant
que possible chaque hôpital, mais on n'y recevrait
aucune personne atteinte de maladies chroniques,
aucun vieillard, aucune femme en couches. Les
assistés de ces dernières catégories devraient
exclusivement être reçus dans les hospices ou
maisons de retraite et ces établissements relevant
soit des corporations, soit des départements ou
des communes, devraient être disséminés le plus
possible et n'admettre chacun qu'un nombre res-
treint de pensionnaires. On saurait mieux, ainsi,
ce qui s'y passe, et l'on pourrait demander le
concours gratuit de leur temps et de leur contrôle à des personnes qui ne les refuseront pas s'il
s'agit d'intervenir dans une petite administration,
mais qui se soucieront davantage de les donner

s'il leur faut surveiller un personnel énorme et une comptabilité compliquée.

Il ne conviendrait pas d'ailleurs d'entrer dans la voie de fondations hospitalières nouvelles et onéreuses. Il faudrait au contraire essayer de détourner le cours des libéralités qui sont faites assez généralement aux hospices, dans les caisses des Bureaux de bienfaisance. Si ces bureaux étaient toujours bien administrés, et surtout si leur personnel subalterne agissait avec plus de discernement, ils apporteraient un allègement considérable au service hospitalier. On doit tenter de faire tous les efforts pour maintenir les assistés dans leur famille [1] et n'admettre dans les hospices que les personnes qu'il est absolument impossible de garder ailleurs.

C'est à ce point de vue notamment qu'il serait utile que les administrations des hospices et les bureaux de bienfaisance soient en rapports constants et obligatoires [2].

[1] Voir le rapport de M. le Dr Clément.

[2] L'intrigue et la ruse existent partout ; il arrive ainsi qu'avec la division du travail de l'*assistance publique* et des *bureaux de bienfaisance*, les assistés les plus habiles arrivent à se constituer de véritables petites rentes, tandis qu'à côté d'eux des malheureux moins insinuants manquent de tout et

En un mot, il serait désirable que l'assistance des vieillards et des infirmes fût dotée d'un office de renseignements analogue à l'office central des institutions charitables fondé par M. Lefébure, 175, boulevard Saint-Germain, à Paris. En l'espèce, la répression de la fraude ou même simplement des abus donnerait, nous en sommes convaincu, des résultats inattendus, résultats dont la population réellement indigente n'aurait qu'à se féliciter.

J'aurais voulu signaler encore les autres institutions sociales représentées à l'Exposition et indiquer quelques-unes des améliorations qu'elles pourraient tenter. Mais d'une part notre président, M. Cheysson, s'est réservé de traiter dans son introduction la question des *Institutions patronales*, et d'autre part un grand nombre des autres institutions ne me paraissent pas remplir entièrement les conditions indiquées pour être maintenues sur le programme de l'Économie purement sociale.

---

trouvent les caisses vides. Il y a là une détestable répartition des secours. Nous croyons devoir, à cet égard, signaler la mesure prise par le Bureau de bienfaisance du IIIᵉ arrondissement de Paris, qui a rendu très difficiles ces pratiques, en instituant de véritables *maîtres des pauvres*, tels qu'ils existent dans les Flandres et en Angleterre.

Je ne formulerai donc qu'un dernier souhait, c'est qu'à côté des *Sociétés d'habitations à bon marché* d'autres sociétés se forment qui s'occupent *de l'amélioration des logements insalubres.* Un temps long, très long sans doute, s'écoulera avant que l'on ait doté nos principales villes, nos plus grands centres de ces petites maisons symétriques et d'un aspect un peu trop monotone que l'on a dénommées : *des maisons ouvrières.* Aussi en attendant, serait-il à souhaiter, étant données les conditions d'habitation de certains quartiers, que des mesures d'assainissement soient prises non pas seulement par voie administrative mais aussi par l'initiative privée. Au moyen de conseils et même de subventions à titre d'encouragement ou de secours — plus souvent qu'on ne s'imagine, les propriétaires sont aussi pauvres que leurs locataires — on atteindrait plus rapidement le but que nous poursuivons tous: vulgariser l'hygiène, pourchasser les épidémies, moraliser l'habitation.

En terminant cet aperçu très bref où se rencontrent, en même temps que beaucoup d'espoirs exprimés, quelques critiques dirigées bien plus contre les principes que contre les tendances, contre les .choses que contre les hommes; je tiens à rappeler encore les satisfactions que les adeptes de l'Économie sociale peuvent en attendre, mais les seules qu'ils puissent prétendre y trouver.

L'école économique sociale peut aider les efforts individuels, elle ne peut ni ne doit les remplacer. Elle n'est nullement hostile à un nivellement social; mais à l'encontre d'autres écoles, elle veut que le niveau adopté soit le plus haut et non pas le plus bas possible.

L'idéal qu'elle poursuit se trouve assez bien exprimé par cette boutade de Ledru-Rollin :

« Au lieu de couper les basques des habits, mieux vaut coudre des pans aux vestes. »

Paris, 15 décembre 1895.

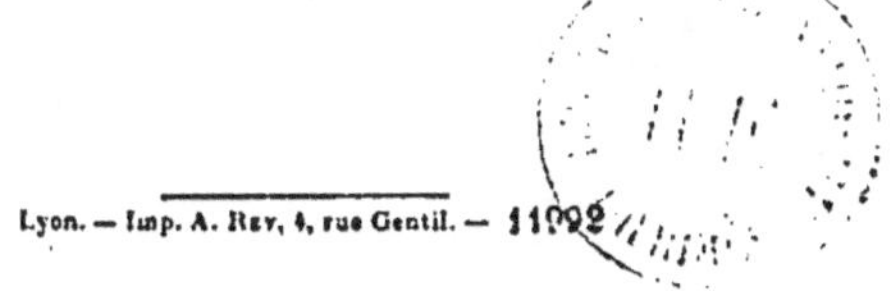

Lyon. — Imp. A. Rey, 4, rue Gentil. — 11992

Lyon. — Imp. PITRAT AÎNÉ, A. REY Succ., 4, rue Gentil. — 11042